## 《上海市老年人权益保障条例》普法读本编写委员会

主　　任：朱勤皓

副 主 任：蒋　蕊

委　　员：陈跃斌　史雅民　黄井波

殷志刚　赵莉娟

## 本册主编

陈跃斌　张　持

## 丛书策划

刘煜海　朱岳桢

# 前 言

“上海市老年教育普及教材”是在上海市学习型社会建设与终身教育促进委员会办公室、上海市老年教育工作小组办公室和上海市教委终身教育处的指导下，由上海市老年教育教材研发中心会同有关老年教育单位和专家共同研发的系列丛书。该系列丛书是一批具有规范性和示范性、体现上海水平的老年普及读本（教材），是一批可供老年学校选用的教学资源，是一批满足老年人不同层次需求的、适合老年人学习的、为老年人服务的快乐学习读本。

“上海市老年教育普及教材”的定位主要是面向街（镇）及以下老年学校，适当兼顾市、区老年大学的教学需求，力求普及与提高相结合，以普及为主；通用性与专门化相兼顾，以通用性为主。该系列丛书主要用于改善街镇、居村委老年学校缺少适宜教材的实际状况。

“上海市老年教育普及教材”在内容和体例上尽量根据老年人学习的特点进行编排，在知识内容融炼的前提下，强调基础、实用、前沿；语言简明扼要、通俗易懂，使老年学员看得懂、学得会、用得上。该系列丛书分为三个大类，做身心健康的老年人、做幸福和谐的老年人、做时尚能干的老年人。每个大类包含若干系列，如“老年常见病100问系列”“健康在身边系列”“传统经典与时代文明系列”“孙辈亲子系列”“老年人心灵手巧系列”“老年人玩转信息技术系列”等。

“上海市老年教育普及教材”在表现形式上,充分利用现代信息技术和多媒体教学手段，倡导多元化教与学的方式，在实践和探索过程中逐步形成了“四位一体，三通直学”的资源体系，即“纸质书、电子书、有声读物、学习课件”四种学习资源皆可学习，手机微信公众号“指尖上老年教育”、平板APP“上海老年教育”、电脑微学网站www.shlnjy.cn三条学习通道皆可学习。我们的老年学习者可以根据自己的实际情况，个性化选择适宜的学习资源和学习方式。

“上海市老年教育普及教材”在“十二五”期间已出版了首批100本，并入选国家新闻出版广电总局、全国老龄工作委员会办公室2016年向全国老年人推荐优秀出版物。在此经验基础上，我们更广泛地吸取各级老年学校、老年学员和广大读者的宝贵意见，力争在“十三五”期间为全市老年学习者带来更丰富、更适宜的学习资源和学习体验。

上海市老年教育普及教材编写委员会

上海市老年教育普及教材

上海市学习型社会建设与终身教育促进委员会办公室

# 《上海市老年人权益保障条例》普法读本

# 导读篇

*Shanghaishi Laonianren Quanyi Baozhang Tiaoli Pufa Duben*

*Daodu Pian*

# 导言

《上海市老年人权益保障条例》（简称《条例》）经上海市第十四届人民代表大会第四次会议于2016年1月29日审议通过，自5月1日起正式施行。《条例》总结了多年来上海老龄工作实践领域的制度成果，积极回应新需求和新问题，并对老龄工作长远发展的顶层设计和前瞻安排予以立法保障。《条例》是上海积极应对人口深度老龄化、全面加强老年人权益保障的一部总纲性法规，共9章64条，整体参照了《中华人民共和国老年人权益保障法》的体例结构，在社会保障、社会服务、社会优待、宜居环境等方面对1998年《上海市老年人权益保障条例》的内容进行了大幅扩充，进一步丰富了老年人权益内涵，对推动上海老龄事业健康发展，及时、综合、科学应对人口老龄化具有重要的促进和保障作用。

2016年2月和5月，中共中央总书记习近平同志两次对老龄工作发表重要指示和讲话，强调坚持党委领导、政府主导、社会参与、全民行动相结合，坚持应对人口老龄化和促进经济社会发展相结合，坚持满足老年人需求和解决人口老龄化问题相结合，努力挖掘人口老龄化给国家发展带来的活力和机遇，努力满足老年人日益增长的物质文化需求，推动老龄事业全面、协调、可持续发展。为深入贯彻落实中央领导的要求，进一步普及、宣传《条例》，上海市老龄工作委员会办公室组织编写了《〈上海市老年人权益保障条例〉普法读本》（简称《普法读本》），供大家参考学习。

《普法读本》拟分四册出版。其中，第一册为“导读篇”，简要介绍上海人口老龄化面临的形势及立法背景，重点是逐条对照条文作简要介绍；第二册为“家庭赡养与扶养篇”，围绕老年人关心的维权热点和难点问题，进行焦点导读、法条简介、案例评析、拓展关注，有针对性地帮助老年人维权；第三、四册，主要围绕老年人社会保障、社会服务、社会优待、参与社会发展等内容，宣传养老服务政策和为老服务实践，指导老年人选择养老方式，引导社会各方关爱老年人，推动广大老年人老有所为。

《普法读本》作为上海市老年教育普及教材，已列入“十三五”老年教育教材建设项目。在编写过程中，本书吸收了前期立法过程中的大量成果，得到了相关部门领导和行业专家的指导以及有关单位的大力支持，在此谨表示衷心的感谢！

上海市老龄工作委员会办公室

# 目录

2016年1月29日，《上海市老年人权益保障条例》（以下简称《条例》）经上海市第十四届人民代表大会第四次会议审议通过，并于5月1日起正式施行。这是继2014年《上海市养老机构条例》出台后，本市在深度、快速老龄化以及家庭小型化的社会背景下，贯彻落实《中华人民共和国老年人权益保障法》以及党中央、国务院积极应对人口老龄化的战略部署，切实保障本市老年人各项权益，努力实现“五个老有”（老有所养、老有所医、老有所为、老有所学、老有所乐）而从立法层面做出的一项重大制度安排。

# 第一部分　出台背景

## 一、上海人口老龄化的现状和特点

迈入21世纪，上海的人口老龄化不断加剧，并呈现加速发展趋势，现状和主要特点为：

**“早”**。上海是中国最早进入老龄化社会的地区，早在1979年，60岁以上老年人口数已达114万，占城市人口的10.1%。按照国际通行标准，步入老龄化社会。

一个国家或地区60岁及以上老年人口占总人口比例超过10%，或者65岁及以上老年人口占总人口比例超过7%，就意味着这个国家或地区进入老龄化阶段。

**“多”**。截至2015年底，上海60岁及以上的户籍老年人口总数435.95万人，占户籍总人口比例首次突破30%，达到30.2%。

1979年以来上海户籍老年人口数量变化

**“高”**。上海高龄老年人口不断增加。截至2015年底，上海户籍老年人口中80岁及以上高龄老年人口78.05万人，占60岁及以上老年人口的17.9%，占户籍人口的5.4%，同时，上海失能（失智）老年人数也逐步增多。

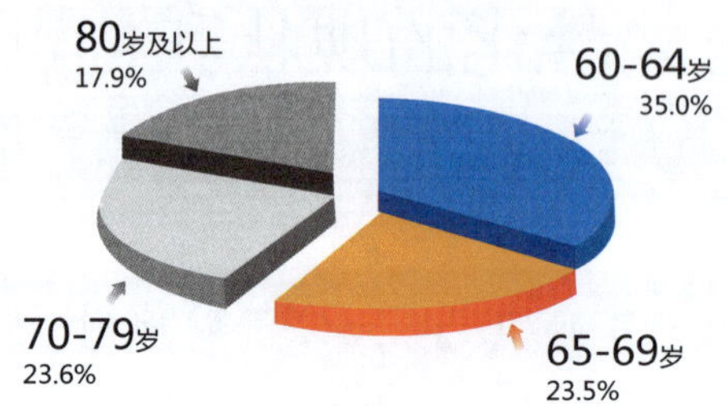


2015年末上海市60岁及以上老年人口年龄构成

**“快”**。上海从步入老龄化社会至深度老龄化（60岁以上人口占20%），仅仅用了21年时间（1979—2000）。据统计，法国用了115年，美国用了65年，中国大陆将只需27年。据预测，上海到2018年，户籍老年人口将突破500万人，到2020年达到540万人，到2025年将达600万。

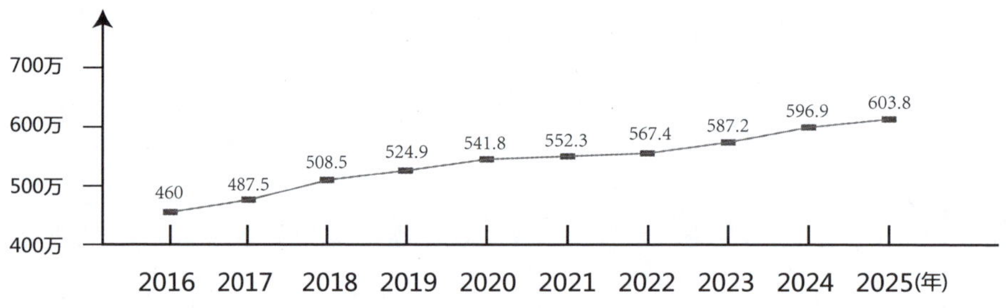


2016—2025年上海户籍老年人口数量趋势预测

**“小”**。家庭日益小型化。据“第六次人口普查”显示，上海家庭户平均为2.49人。现阶段步入老年期的人群中约80%以上是独生子女父母，“四二一”家庭结构逐步形成。同时，上海独居老年人已有26.39万，“纯老家庭”老年人数也已达96.88万。

伴随着人口老龄化不断加剧，上海长寿城市的特征进一步凸显。2015年，上海市人口平均预期寿命为82.75岁，其中男性80.47岁，女性85.09岁。100岁及以上老人1751人，其中男性420人，女性1331人，每10万人中拥有百岁老人数达到12.1人。

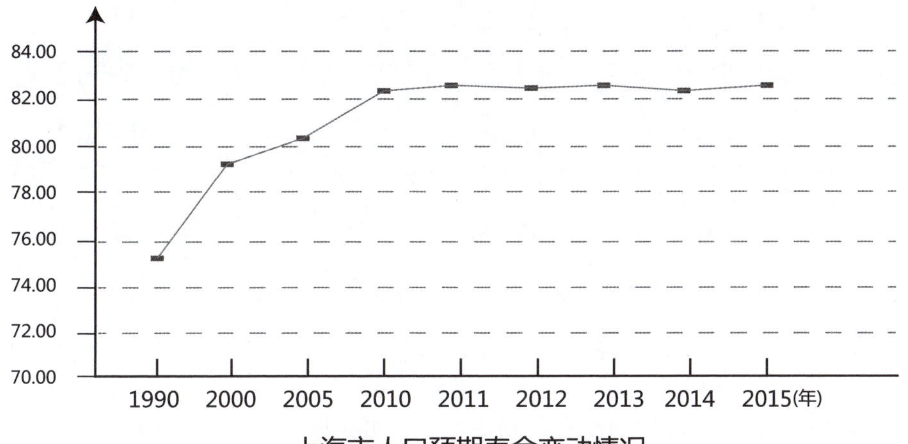


上海市人口预期寿命变动情况

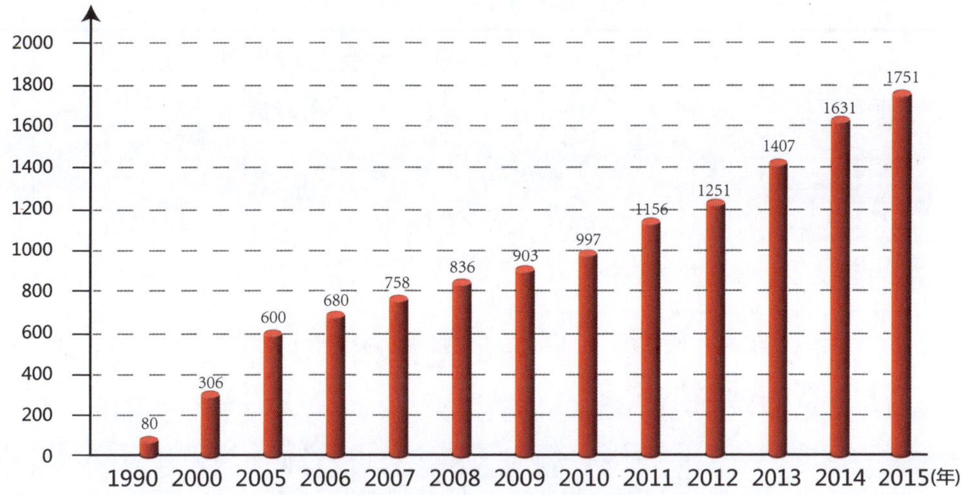


上海市百岁老人数变动情况

老年是人的生命的重要阶段，是仍然可以有作为、有进步、有快乐的重要人生阶段。上海庞大的老年人群体，既是社会的宝贵财富，也是参与社会发展的重要力量。他们活跃在城市的各个社区、行业、领域，对经济发展、文化传承、社会和谐、家庭和睦发挥着重要作用。

# 二、为什么要制定《条例》

## ◎ 积极应对人口老龄化的迫切要求

老龄问题是关系国计民生和国家长治久安的一个重大问题，对经济社会产生的影响是深刻持久的。劳动力结构、消费需求结构等变化，家庭保障功能的弱化，社会保障压力增大等挑战，迫切需要以立法的形式加强顶层设计，全面系统地考虑各项政策与制度措施。制定《上海市老年人权益保障条例》有利于促进经济社会的全面、协调、可持续发展。

## ◎ 全面保障老年人权益的现实需求

开展应对人口老龄化行动，需要以老年人权益保障工作为依托，不断丰富老年人权益的内容和相关制度，构建综合性、系统性的应对体系。制定《条例》对于增进老年人的福祉，使老年人在共建共享发展中有更多的获得感具有重要意义，同时也是实现上海全面建设“四个中心”和社会主义现代化国际化大都市、全面建设小康社会宏伟目标的重要内容。

## ◎ 贯彻落实《中华人民共和国老年人权益保障法》的重要措施

2013年7月1日，全国人大常委会新修订的《中华人民共和国老年人权益保障法》正式实施，对老年人权益保障工作提出了新的要求。1998年8月上海市十一届人大常委会第四次会议审议通过的《上海市老年人权益保障条例》实施十多年来，对保障老年人的合法权益，发展老龄事业发挥了重要作用。当前，需要根据上位法的新要求，针对新背景，加强制度创制，进一步维护和保障广大老年人的合法权益。

基于上述考虑，2014年，上海市人大将修订《条例》列为年度正式立法项目。在近两年时间里，有关部门经过深入调查研究、广泛征求意见、部门反复讨论修改，数易其稿，形成了《条例（修订草案）》报送市人大常委会。《条例（修订草案）》先后经十四届人大常委会第十八次、二十次、二十一次、二十六次共四次常委会审议，期间三次征求全体代表意见，最终提请市人民代表大会审议表决。

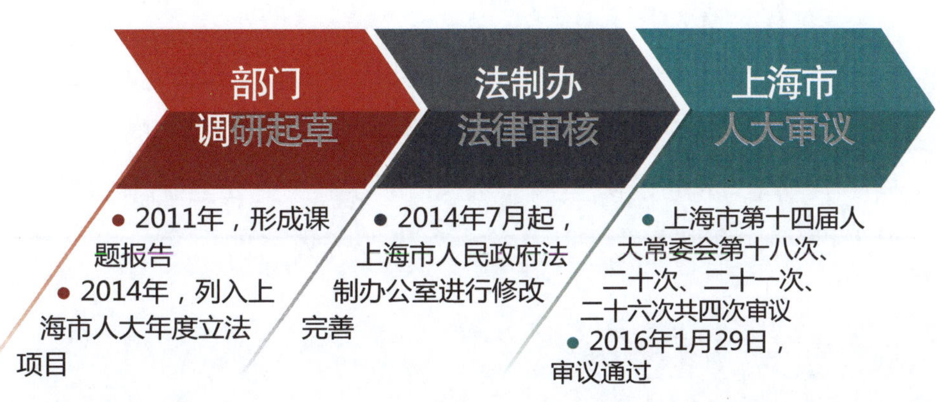


2016年1月29日，《条例》经上海市第十四届人民代表大会第四次会议审议通过，并于5月1日起正式施行。

# 第二部分 《条例》基本框架

《条例》共 9 章 64 条，整体参照了《中华人民共和国老年人权益保障法》的基本框架。相比 1998 年的《条例》，新增了社会服务、社会优待、宜居环境 3 章，从 6 章扩展到 9 章，条文数从 40 条增加到 64 条，全新的条文占条文总数的近一半。

《条例》分为三个板块：

### ◎ 第一板块

第一板块即第一章总则，明确了老年人的基本权益、“五个老有”工作目标，积极应对人口老龄化的长期战略任务，界定了家庭、政府、市场、社会在老年人权益保障过程中的职责义务以及社会养老服务体系的内涵。

### ◎ 第二板块

第二板块包括第二、三、四、五、六、七章，通过规定家庭赡养与扶养、社会保障、社会服务、社会优待、宜居环境、参与社会发展等与老年人权益息息相关的制度措施，对家庭、政府、市场和社会的责任予以细化，对影响社会养老服务体系建设和老年人权益保障工作中的短板问题、瓶颈问题明确了改革方向和制度路径。

### ◎ 第三板块

第三板块包括第八、九章，明确了法律责任、《条例》施行日期以及与1998年《条例》的关系。

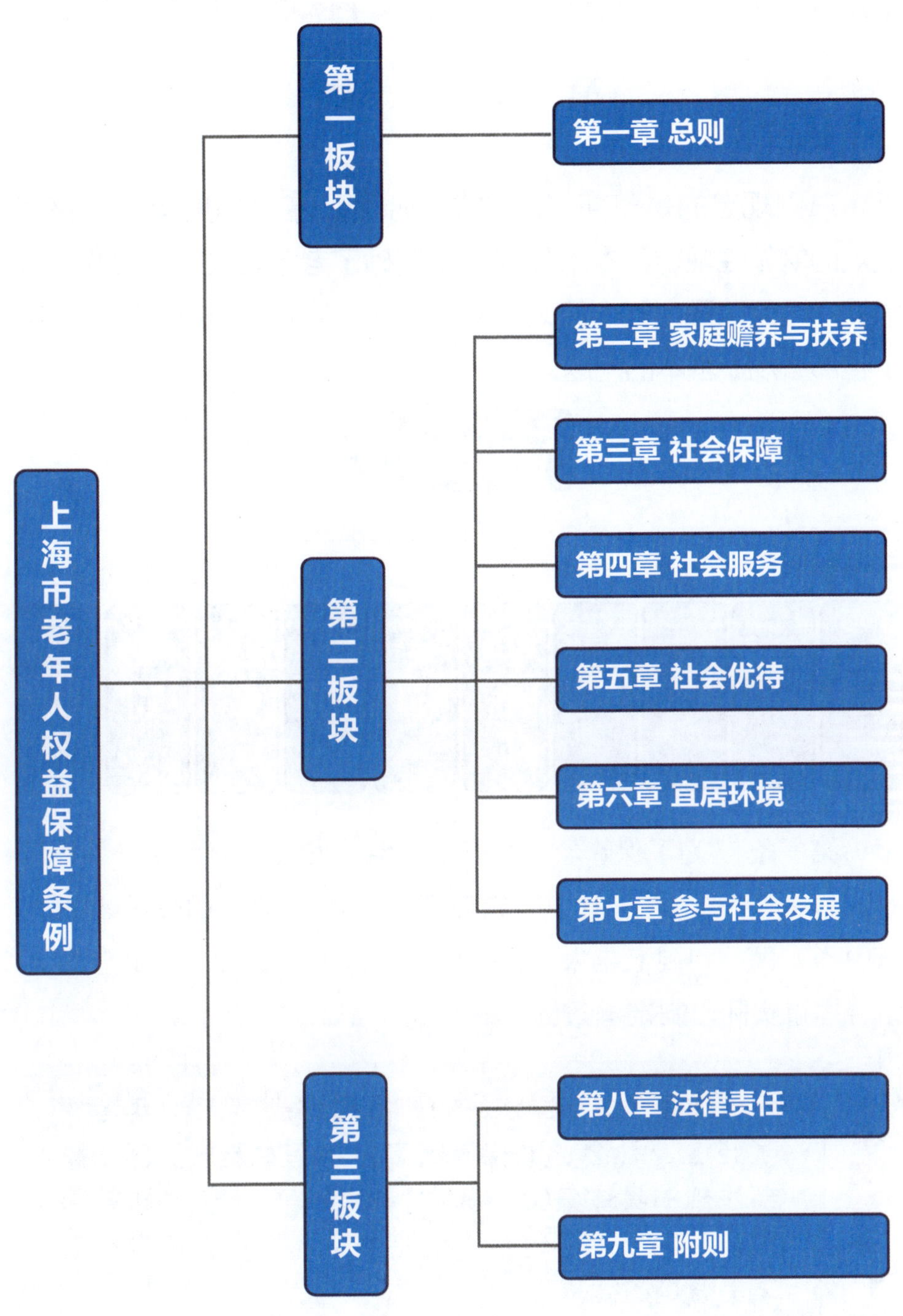
上海市老年人权益保障条例
第一板块
第一章 总则
第二板块
第二章 家庭赡养与扶养
第三章 社会保障
第四章 社会服务
第五章 社会优待
第六章 宜居环境
第七章 参与社会发展
第三板块
第八章 法律责任
第九章 附则

# 第三部分 《条例》具体条文及简介

## 第一章 总 则

总则规定的是整部法规的总的原则、基本制度等，是整部法规的纲领性规定。本章共10条，明确了老年人权益保障的立法依据、适用范围、工作原则、职责责任、体制机制等内容，规定了整部法规最基本的问题。

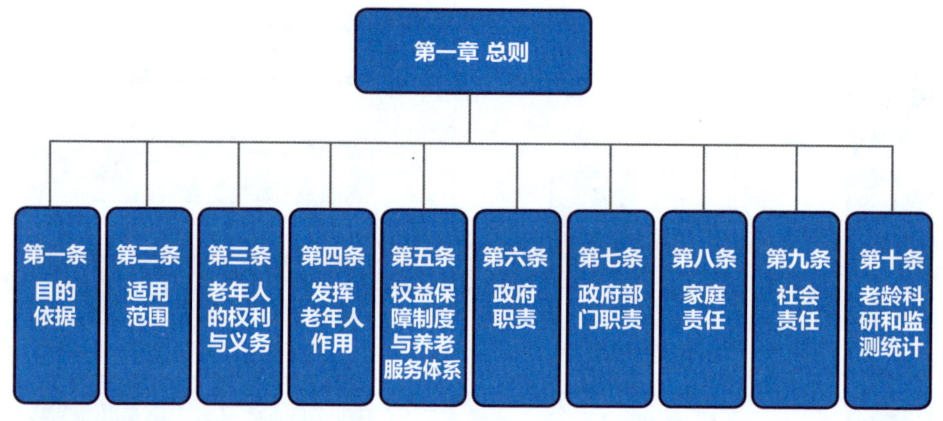


**第一条** 为了保障老年人合法权益，发展老龄事业，积极应对人口老龄化，弘扬中华民族敬老、养老、助老的美德，根据《中华人民共和国老年人权益保障法》和其他法律、行政法规，结合本市实际，制定本条例。

**本条是关于立法目的和依据的规定。**综合考虑了经济、社会、文化等因素，其基本要求贯穿于整部法规的具体条文。其中，保障老年人合法权益是首要目的；发展老龄事业是重要目标；弘扬敬老助老美德是道德基础。

**第二条** 本市行政区域内老年人权益保障以及相关工作，适用本条例。

**本条是关于适用范围的规定。**《中华人民共和国老年人权益保障法》将老年人年龄标准界定为60周岁。

关于老年人的划分，世界卫生组织（WHO）将44岁以下的人群称为青年人，45到59岁的人群称为中年人，60到74岁的人群称为年轻的老年人，75岁以上的才称为老年人，90岁以上的人群称为长寿老年人。

**第三条** 本市依法保障老年人享有的人身、财产等权益，从国家和社会获得物质帮助的权利，享受社会服务和社会优待的权利，参与社会发展和共享发展成果的权利。

老年人应当遵纪守法，履行法律规定的各项义务。

**本条是对老年人权利义务的概括性规定。**老年人享有的权益，包括：**一是依法享有的权益**，主要指依据《中华人民共和国宪法》《中华人民共和国婚姻法》《中华人民共和国物权法》《中华人民共和国继承法》等有关法律、法规的规定，享有的合法权益；**二是物质帮助权**，是指依法从国家和社会获得物质帮助的权利，该项权利主要源于生存权，是公民依据《宪法》享有的一项基本权利，老年人是享受这一权利的主要群体之一；**三是享受社会服务的权利**，是指为满足老年人基本生活、日常照顾、医疗护理等方面的服务需求，享受由政府、社会、企业所提供的各种相关服务的权利；**四是享受社会优待的权利**，是指政府和社会在做好老年人社会保障和基本公共服务基础上，在医、食、住、用、行、娱等方面，积极为老年人提供的各种形式的经济补贴、优先优惠和便利服务；**五是参与社会发展和共享发展成果的权利**，主要指老年人充分发挥自己的才智和特长，力所能及地为社会做出贡献。

**第四条**　全社会应当重视、珍惜老年人的知识、技能、经验和优良品德，发挥老年人的专长和作用，保障老年人参与经济、政治、文化和社会生活。

**本条是关于老年人参与社会发展权的概括性规定。**老年人参与社会发展是老有所为的实践形式，也是实现其他权益的重要保障和途径，主要指老年人自愿参与社会发展，为社会做力所能及的有益贡献，参与的领域包括政治、经济、文化与社会等方面。

**第五条** 积极应对老龄化是促进本市经济社会协调发展的一项长期战略任务。

本市建立健全保障老年人权益的各项制度，逐步改善保障老年人生活、健康、安全以及参与社会发展的条件，关心老年人的精神文化需求，实现老有所养、老有所医、老有所为、老有所学、老有所乐。

本市建立和完善以居家为基础、社区为依托、机构为支撑、医养相结合的社会养老服务体系。政府将基本养老服务纳入基本公共服务体系；完善政策措施，扶持社会力量提供公益性养老服务，支持企业提供市场化养老服务。

**本条是关于积极应对老龄化的战略任务地位、工作目标和制度路径的规定。**人口老龄化是上海城市发展的基本特征，要坚持积极老龄化、健康老龄化的理念，促进老年人的全面发展以及城市经济社会的协调发展。同时，伴随着传统家庭照护功能的弱化，需要进一步发挥政府、社会、市场、邻里等多方主体的作用，建立起多元主体参与供给的社会养老服务体系，满足老年人多样化、多层次的需求。

**第六条** 各级人民政府应当将老龄事业纳入国民经济和社会发展规划，将老龄事业经费列入财政预算，建立与经济社会发展水平和老龄化程度相适应的稳定的经费保障机制，并鼓励社会各方面投入，使老龄事业与经济社会协调发展。

市和区、县人民政府应当根据国家老龄事业发展规划，制定本行政区域内的老龄事业发展规划和年度计划，并将老龄工作纳入政府部门考核机制。

市和区、县老龄工作委员会负责组织、协调、指导、督促有关部门做好本行政区域内的老年人权益保障工作，其办事机构设在同级民政部门，配备必要的工作人员，提供工作经费。

乡、镇人民政府和街道办事处应当确定专门人员负责本辖区内的老年人权益保障工作，并提供必要的工作经费和条件。

**本条是关于各级政府及老龄工作机构职责的规定。**发展老龄事业事关经济社会发展全局和人民群众福祉。各级政府应当加强规划引领，依法履行职责，在人、财、物等方面加强投入和保障。市、区老龄工作委员会及其办公室负责组织实施、协调推动做好老年人权益保障工作。

伴随着上海人口老龄化的过程，上海老龄工作机构不断完善。

**上海老龄工作机构演变**

| 1983年11月 | 1995年7月 | 2000年 | 2016年 |
| --- | --- | --- | --- |
| 成立上海市老龄问题委员会。 | 更名为上海市老龄委员会。 | 撤销上海市老龄委员会，成立上海市老龄工作委员会，由上海市委副书记、副市长分别兼任主任和副主任。办公室设在市民政局。 | 《上海市老年人权益保障条例》予以明确。上海市老龄工作委员会委员单位经过陆续调整，目前由上海市委、市政府的48个部门组成。 |

**第七条** 民政、发展改革、财政、人力资源社会保障、卫生计生、规划国土资源、住房城乡建设、经济信息化、交通、商务、绿化市容、公安、司法行政、教育、文广影视、新闻出版、体育等部门应当按照各自职责，共同做好老年人权益保障工作。

**本条是关于政府相关职能部门的职责规定。**在老年人权益保障工作中，政府职能部门承担着十分重要的职责，需要进一步建立健全政策制度、完善工作机制，加强协调配合，依法履职。

**第八条** 老年人养老以居家为基础，家庭成员应当尊重、关心和照料老年人。

老年人的子女以及其他依法负有赡养义务的人（以下简称赡养人）、扶养人应当依法履行赡养和扶养义务。

**本条是关于家庭责任的规定。**家庭是社会的细胞，养老一直是家庭的基本责任和功能，中国文化中的“养儿防老”一说，集中体现了家庭的养老保障功能。尽管社会观念不断变化，但家庭保障仍是老年人权益保障过程中最为基础和重要的一环。

**第九条** 保障老年人合法权益是全社会的共同责任，倡导全社会优待老年人。禁止歧视、侮辱、虐待或者遗弃老年人。

工会、共产主义青年团、妇女联合会应当协助、支持各级人民政府做好老年人权益保障工作。

企业事业单位、社会组织应当依法履行保障老年人权益的相关义务。

居民委员会、村民委员会和依法设立的老年人组织应当反映老年人的要求，维护老年人合法权益，组织开展为老年人服务活动。

青少年组织、学校和幼儿园应当对青少年和儿童进行敬老、养老、助老的道德教育和维护老年人合法权益的法制教育。

广播、电影、电视、报刊、网络等应当开展维护老年人合法权益的宣传，弘扬敬老、养老、助老的传统美德。

本市鼓励发展老年慈善事业，提倡为老年人提供志愿服务。

**本条是关于社会责任的规定。**老年人权益保障是一项系统工程，需要全社会的广泛参与，包括国家机关、社会团体、企事业单位、其他组织以及基层群众性自治组织和老年人组织。

**第十条**　本市支持开展应对人口老龄化战略研究和老龄科学研究，支持老年医学研究。

本市实行老年人口状况和老龄事业发展情况的年度监测统计与信息发布制度。

**本条是关于老龄科研和监测统计的规定。**人口老龄化问题成因复杂，需要加强对老龄问题基本规律、本质特征、老龄化对经济社会发展的深远影响以及有关应对措施的调查研究，提高老龄科研水平。

# 第二章 家庭赡养与扶养

家庭赡养和扶养是家庭养老的核心内容，赡养与扶养义务既是法定义务，也是道德义务。本章共11条，具体明确了老年人人身、财产等多方面的合法权益，与老年人的物质和精神需求紧密相关，也是老年人维权工作的主要内容。

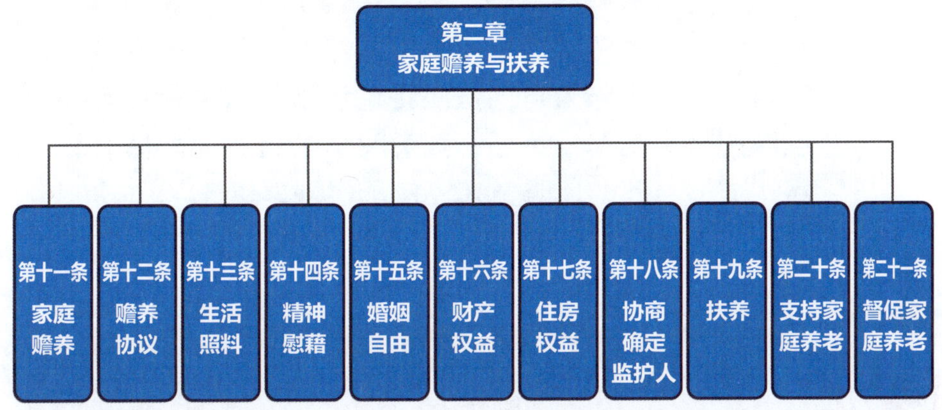


**第十一条** 赡养人应当履行对老年人经济上供养、生活上照料和精神上慰藉的义务，保证老年人的基本生活需求，照顾老年人的特殊需要。

赡养人的配偶应当协助赡养人履行赡养义务。

赡养人不得以放弃继承权、老年人离婚或者再婚等理由，拒绝履行赡养义务。

赡养人不得要求老年人承担力不能及的劳动。

赡养人不履行赡养义务的，老年人有要求赡养人给付赡养费的权利。

**本条是关于赡养人义务的规定。**赡养义务包括：**经济供养**，指赡养人在经济上负担老年人的生活支出；**生活照料**，指赡养人为老年人提供饮食、起居等日常生活照料，对患病及失能老年人提供护理、康复等特殊照料；**精神慰藉**，指满足老年人精神、情感、心理方面的需求。

赡养人的赡养义务，特别是经济上的供养义务，是以法律上的强制力予以保障实施的，赡养人不履行给付义务，老年人可向法院提起诉讼，相关判决可以强制履行；对于拒绝履行赡养义务的行为，如情节恶劣构成遗弃罪的，赡养人还应承担刑事责任。

根据《婚姻法》及相关法律的规定，赡养人主要包括两类：（1）子女，子女是最主要的赡养人，不仅包括婚生子女，还包括非婚生子女、养子女和受继父母抚养教育的继子女；（2）其他负有赡养义务的人，主要包括有负担能力的孙子女、外孙子女，在祖父母、外祖父母的子女已经死亡或者无力履行赡养义务时，如有负担能力，他们要履行对祖父母、外祖父母的赡养义务。

**第十二条** 经老年人同意，赡养人之间可以就履行赡养义务签订协议。赡养协议的内容不得违反法律的规定和老年人的意愿。

**本条是关于赡养协议的规定。**签订赡养协议首先应取得老年人的同意，这是协议生效的前提条件。同时，协议的内容不得违反法律、行政法规的强制性规定。

**第十三条**　赡养人应当使患病的老年人及时得到治疗和护理；对经济困难的老年人，应当提供医疗费用。

对生活不能自理的老年人，赡养人应当承担照料责任；不能亲自照料的，可以按照老年人的意愿委托他人或者养老机构等照料。

**本条是关于赡养人生活照料义务的具体规定。**赡养人对老年人的生活照料主要体现在两方面：一是对老年人身体健康尽到照顾义务，赡养人应当及时将患病的老年人送医，对于由此产生的费用，如老年人经济困难的，赡养人应当提供；二是对于失能老年人，赡养人原则上应当亲自照料，对于因与老人分开居住或异地生活等原因，不能亲自照料的，可以按照老年人的意愿委托他人或者养老机构进行照料。

**第十四条**　老年人的家庭成员应当关心老年人的精神需求，给予精神上的慰藉，营造和睦关爱的家庭氛围，不得忽视、冷落老年人。

与老年人分开居住的家庭成员，应当经常看望、问候老年人。

对入住养老机构的老年人，家庭成员应当经常探望；对较长时间未探望老年人的家庭成员，养老机构可以提出建议，督促其前往探望。

**本条是关于赡养人等家庭成员精神慰籍义务的规定。**与老年人分开居住的家庭成员，应当“常回家看看”；对于入住养老机构的老年人，家庭成员还应“常去院看看”。

**第十五条** 老年人的婚姻自由受法律保护。子女或者其他亲属不得干涉老年人离婚、再婚以及婚后的生活。

赡养人不得因老年人离婚、再婚而索取、隐匿、扣押老年人的合法财产或者有关证件，不得限制老年人的合法居住权利。

**本条是关于老年人婚姻自由权的规定。**婚姻自由包括结婚自由、离婚自由以及再婚的自由。在现实生活中，有部分子女通过非法的方式干涉老年人离婚、再婚或婚后生活，这些违法行为侵犯了老年人的婚姻自由权。

**第十六条** 老年人依法享有占有、使用、收益和处分个人财产，继承遗产和接受赠与的权利。子女或者其他亲属不得干涉或者侵犯老年人的财产权益。

有独立生活能力的成年子女或者其他亲属要求老年人经济资助的，老年人有权拒绝。成年子女或者其他亲属不得以无业或者其他理由，强行索取、克扣老年人的财物。

老年人依法订立遗嘱处分个人财产或者与他人签订遗赠扶养协议，受法律保护，子女或者其他亲属不得干涉。

**本条是关于老年人财产权益保护的规定。**财产权的内容包括对合法财产的占有、使用、收益及处分。任何公民合法的财产权均免于受到非法的干涉或侵犯，老年人也不例外。

**第十七条** 赡养人应当妥善安排老年人的住房，不得强迫老年人居住或者迁居条件低劣的房屋；对老年人自有的住房，负有维修的义务。

老年人自有或者承租的住房，子女或者其他亲属不得侵占，不得擅自改变产权关系或者租赁关系。

老年人与子女或者其他亲属共同出资购买的住房，老年人依法享有相应的房屋所有权和居住权。子女或者其他亲属出资购买老年人原来承租或者居住的唯一住房，应当保证老年人继续居住的权利。

子女或者其他亲属经老年人同意，借用老年人房屋的，到约定归还期限应当及时归还，不得无故拖延。

居住在老年人自有住房中的成年子女或者其他亲属，老年人不同意其继续居住的，应当及时迁出。

征收老年人享有份额的住房，应当依法保障老年人的权利。

**本条是关于老年人住房权益保障的规定。**维护老年人住房权益是老年人安度晚年的基本保障，也是保障老年人财产权益中的一项重要内容。对此，赡养人应当照顾老年人的特殊需要，为其安排适宜居住的房屋，不得强迫老年人居住或迁居条件低劣的房屋，并应当保障老年人其他方面的住房权益。

**第十八条**　具备完全民事行为能力的老年人，可以在近亲属或者其他与自己关系密切、愿意承担监护责任的个人、组织中协商确定自己的监护人，并通过公证等方式予以明确。

老年人未事先确定监护人的，其丧失或者部分丧失民事行为能力时，依照有关法律的规定确定监护人。

**本条是关于协商确定监护人的规定。**《中华人民共和国老年人权益保障法》第二十六条第一款创设了意定监护制度。老年期失智往往是一个神智逐渐衰减的过程，在老年人神智正常、意识清醒、具备完全民事行为能力时，应该尊重老年人意愿，允许其在近亲属或者其他与自己关系密切、愿意承担监护职责的个人、组织中协商确定自己的监护人，监护人应当在老年人丧失或者部分丧失民事行为能力时，依法承担监护责任。此外，作为一项法律行为，意定监护的设定，可以借助公证形式，强化其效力，起到防止纠纷、减少诉讼和证据保全的作用。

监护人的监护职责包括：保护被监护人的身体健康，照顾被监护人的生活，管理和保护被监护人的财产，代理被监护人进行民事活动，对被监护人进行管理和教育，在被监护人合法权益受到侵害或者与人发生争议时，代理其进行诉讼。

**第十九条** 老年人与配偶有相互扶养的义务。

由兄、姐扶养的弟、妹成年后，有负担能力的，对年老无赡养人的兄、姐有扶养的义务。

**本条是关于扶养义务的规定。**扶养是指平辈亲属之间尤其是夫妻、兄弟姐妹之间依法发生的经济供养、生活扶助等权利义务关系。对此，《婚姻法》第二十条第一款规定：夫妻有互相扶养的义务。《婚姻法》第二十九条规定：有负担能力的兄、姐，对于父母已经死亡或父母无力抚养的未成年的弟、妹，有扶养的义务。由兄、姐扶养长大的有负担能力的弟、妹，对于缺乏劳动能力又缺乏生活来源的兄、姐有扶养的义务。

**第二十条** 本市弘扬孝亲敬老传统美德，制定完善家庭养老支持政策，为家庭成员照料老年人提供帮助，鼓励家庭成员与老年人共同生活或者就近居住。

**本条是关于家庭养老支持政策的规定。**家庭养老支持政策可以加强对家庭养老的支持力度，减轻家庭养老的负担，更好地巩固家庭养老的基础性地位，提高老年人的生活质量。

**第二十一条** 赡养人、扶养人不履行赡养、扶养义务的，基层群众性自治组织、老年人组织或者赡养人、扶养人所在单位应当督促其履行。

**本条是关于赡养、扶养义务的督促履行规定。**赡养和扶养义务均为法定义务，赡养人和扶养人应当依法履行。如未履行的，居委会、村委会等基层群众性自治组织以及老年人组织，赡养人、扶养人所在单位应当督促其履行。

# 第三章 社会保障

社会保障是保障人民生活、调节社会分配的一项基本制度，关系人民幸福安康和社会公平和谐。老年人社会保障作为区别于传统家庭养老的一种制度化的养老保障方式，是我国宪法关于物质帮助权相关规定的实现方式。本章共8条，主要按照保障层次罗列，包括社会保险、社会福利、社会救助等方面内容。

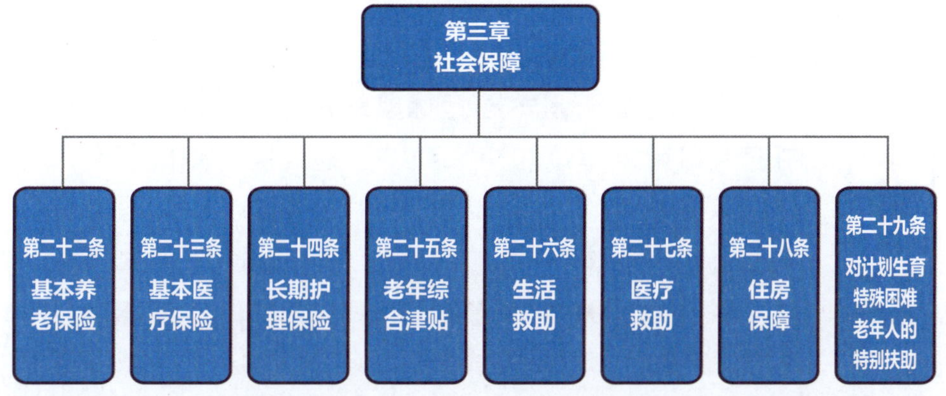


**第二十二条**　本市通过职工基本养老保险和城乡居民基本养老保险等制度，依法保障老年人的基本生活。

本市建立基本养老金正常调整机制。根据国家有关规定和本市经济发展、职工平均工资增长、物价上涨等情况，适时提高基本养老保险待遇水平。

**本条是关于基本养老保险的规定。**基本养老保险制度包括城镇职工基本养老保险和城乡居民基本养老保险制度，前者覆盖就业人群，后者保障职工基本养老保险制度覆盖范围以外的城乡居民。基本养老金标准应当随着经济发展而逐步提高，让退休人员享受到经济发展的成果。

**第二十三条** 本市通过职工基本医疗保险和城乡居民基本医疗保险等制度，依法保障老年人的基本医疗需求。

人力资源社会保障、卫生计生部门应当按照国家和本市有关规定，逐步扩大老年人常用药品和医疗康复项目的基本医疗保险支付范围，减轻老年人的医疗康复负担；完善社区用药政策，建立慢性病患者“长处方”等机制，满足老年人常见病、慢性病的基本用药需求。

**本条是关于基本医疗保险的规定。**基本医疗保险制度通过用人单位和个人缴费，建立医疗保险基金，参保人员在患病就医发生费用时，可以通过医疗保险经办机构获得一定的经济补偿，从而在很大程度上减轻医疗费用负担，解除其后顾之忧。基本医疗保险制度目前主要包括职工基本医疗保险和城乡居民基本医疗保险等制度。针对患慢性病、常见病的老年人，需要进一步完善社区用药政策，并按照国家和本市有关规定，逐步扩大老年人常用药品和医疗康复项目的基本医疗保险支付范围，减轻老年人的医疗康复费用负担。

**第二十四条** 发展改革、人力资源社会保障、民政、卫生计生、财政、金融等部门应当完善老年护理筹资、评估、支付、服务、监管等体系，探索建立符合本市实际的老年人长期护理保险制度，保障老年人的长期照料护理需求。

**本条是关于长期护理保险的规定。**老年人特别是失能、患慢性病老年人的长期护理是本市应对人口老龄化所面临的突出问题，具体表现为当前失能老年人数量剧增、长期护理供需严重失衡、护理成本居高不下等方面。目前，德国、日本等发达国家主要通过建立个人、雇主、政府三方分担缴费的社会保险形式，并配套相应的评估、支付和服务保障制度解决这一问题。上海也将探索建立符合实际的相关制度，提高老年人获取养老服务的支付能力，推动养老服务业的发展。

医疗服务和长期护理服务的区别

| 类 别 | 医疗服务 | 长期护理服务 |
| --- | --- | --- |
| 实施目标 | 疾患治愈，改善健康状况 | 日常活动辅助 |
| 服务对象 | 病人 | 失能的残疾人、慢性病患者、病员 |
| 服务提供者 | 医生等专业人士 | 亲友、医护人员、社工等 |
| 服务场所 | 专业医疗机构 | 家庭护理院等 |
| 服务周期 | 医疗服务频率较低，治疗周期较短 | 护理服务频率较高，通常半年以上，有的长达数十年 |

**第二十五条** 本市建立与经济社会发展水平相适应的统一的老年综合津贴制度，对符合条件的老年人，按照不同年龄段提供涵盖高龄营养、交通出行等方面需求的津贴，逐步提高老年人的社会福利水平。

**本条是关于老年综合津贴的规定。**作为上海创新的一项老年人社会福利制度，旨在提升老年人社会福利水平和保障力度，整合统筹现有交通出行、营养保健等单项补贴政策，统一为综合性老年福利政策。该制度按照普惠型、均等化、广覆盖的思路，目前面向本市户籍65岁以上的老年人，并随着经济社会发展情况逐步提高福利水平。

自2016年5月1日起，上海老年综合津贴制度正式实施

**第二十六条** 对最低生活保障家庭中的老年人，由民政部门给予生活救助。

对无劳动能力、无生活来源且无法定赡养、扶养义务人，或者其法定赡养、扶养义务人无赡养、扶养能力的老年人，由民政部门给予特困人员供养。

本市不断完善临时救助、综合帮扶等社会救助制度，对因灾、因病或者遭遇其他特殊困难的老年人家庭给予生活救助。

**本条是对老年人实施社会救助的规定。**社会救助是社会保障制度的重要组成部分，包括生活救助、特困人员供养、支出型贫困救助、临时救助和综合帮扶等救助措施，为生活困难的老年人提供基本生活保障。

**第二十七条** 对下列老年人，由民政部门按照国家和本市有关规定给予医疗救助，保障其获得基本医疗卫生服务：

（一）最低生活保障家庭成员；

（二）特困供养人员；

（三）低收入困难家庭成员；

（四）市和区、县人民政府规定的其他特殊困难人员。

**本条是对老年人实施医疗救助的规定。**医疗救助和职工基本医疗保险、城乡居民基本医疗保险共同组成基本医疗保障体系。医疗救助制度主要针对城乡困难人群，对其参保及其难以负担的医疗费用提供补助，承担医疗保障功能。

**第二十八条** 住房城乡建设部门应当及时为符合条件的老年人家庭配租、配售廉租住房或者共有产权保障住房，并在选房、配房等方面给予帮助；对符合条件的无子女老年人家庭，应当优先配租廉租住房。

区、县和乡、镇人民政府在实施农村危旧房屋改造时，应当优先帮助符合条件的老年人家庭进行改造。

**本条是关于老年人住房保障的规定。**对住房、经济状况等方面存在困难并符合规定条件的老年人，应当依法实施相应的住房保障政策，并给予适当照顾和倾斜。

**第二十九条** 卫生计生、民政、财政、人力资源社会保障、住房城乡建设等部门应当按照国家和本市有关规定，在生活保障、养老服务、医疗服务、住房保障、精神慰藉等方面，对符合条件的独生子女伤残死亡且未再生育或者收养子女的老年人给予特别扶助。

**本条是关于计划生育特殊困难老年人的特别扶助的规定。**目前，一些家庭由于独生子女伤残或死亡等原因，在生活保障、养老照料、大病医疗、精神慰藉等方面遇到特殊困难，国家和本市对其中符合条件的老年人实施特别扶助政策。

# 第四章 社会服务

老年人社会服务主要通过政府、社会、市场为老年人提供相应的生活照料、康复护理、紧急救援、精神慰藉等服务措施予以实现，并借助于相应的政策、制度、监管等机制体制予以保障。本章共15条，规定了社会养老服务体系的主要内容。

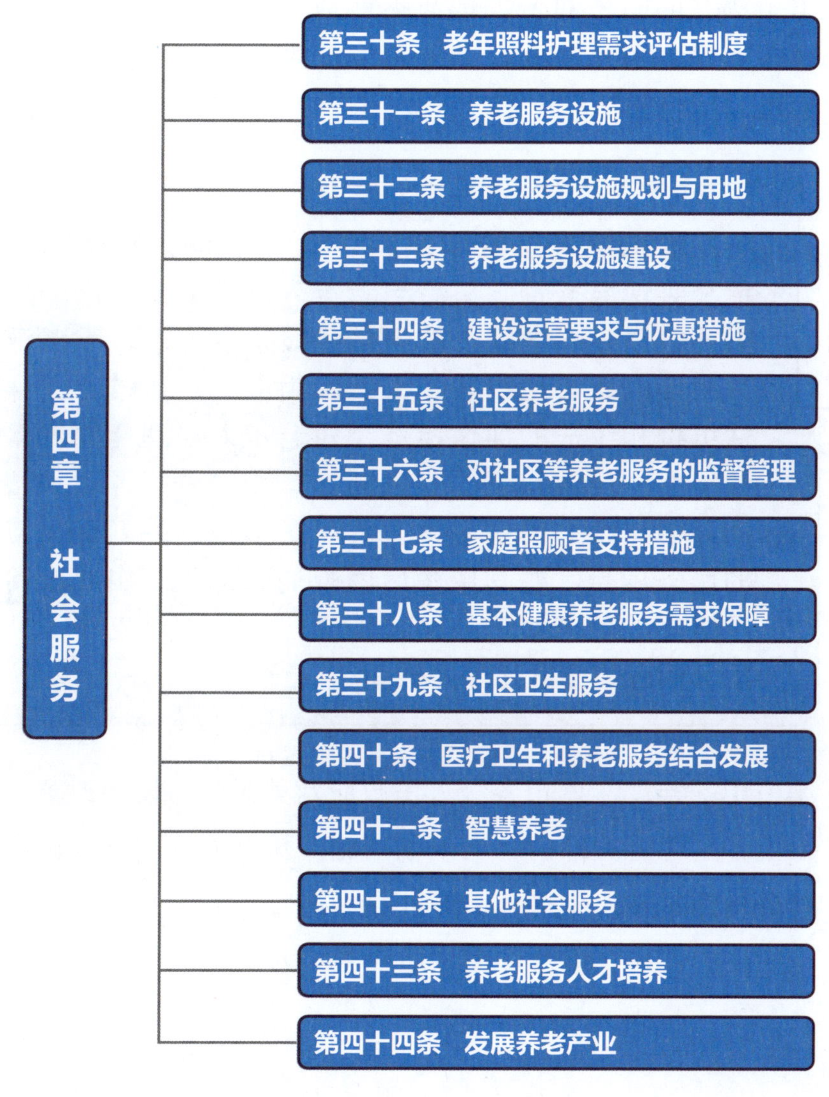

**第三十条** 本市建立老年照料护理需求评估制度。对具有照料护理需求且符合规定条件的老年人，按照全市统一的标准对其失能程度、疾病状况、照护情况等进行评估，以确定照料护理等级，作为其享受相应照料护理服务的依据；对其中高龄、无子女的老年人予以优先保障，对经济困难的老年人给予适当补贴。

全市统一的老年照料护理需求评估标准以及相应的申请条件、办理程序、监管措施，由市卫生计生、民政、人力资源社会保障等部门制定。

**本条是关于老年照料护理需求评估制度的规定。**实现服务资源供给与老年人需求的有效匹配，需要借助于科学统一的评估手段予以实现。需求评估制度的核心是以老年人需求为中心，通过专业评估机构和统一的评估标准，对老年人自理能力、认知能力、经济状况、家庭结构等要素进行评估，根据评估结果，明确老年人的照护等级，并匹配相应的服务项目。对其中生活困难的老年人，由政府给予适当的养老服务补贴，提供一定的制度支持，并配套相应的梯度化保障政策。

**第三十一条** 本市各级人民政府及其民政、发展改革、财政、卫生计生等有关部门应当采取措施，扶持养老服务设施和老年护理机构的建设，支持和引导社会力量参与养老服务设施和老年护理机构的建设、运营，提供适应老年人需要的相关服务。

**本条是关于养老服务设施、老年护理机构建设运营的规定。**养老服务设施是指在城乡范围内建设的，专为老年人提供生活照料、康复护理、文体娱乐、精神慰藉、日间照料、短期托养、紧急救援等服务的设施，包括居家和社区养老服务设施、各类养老机构等，需要大力发展。同时，当前老年护理机构相对缺乏，需要明确扶持措施，特别在吸引社会力量兴办、运营方面，给予更多的鼓励支持政策。

**第三十二条** 市民政部门会同市规划国土资源部门根据本市人口、公共服务资源、养老服务需求状况等因素，组织编制全市养老服务设施布局专项规划，合理布局各类养老服务设施，经市人民政府批准后，纳入相应的城乡规划。区、县人民政府负责养老服务设施布局专项规划在本地区的推进落实。

各级人民政府应当将养老服务设施建设用地纳入土地利用总体规划和土地利用年度计划，合理安排用地需求；在符合规划、环保等要求的前提下，可以将闲置的公益性用地优先调整为养老服务设施用地。

**本条是关于养老服务设施规划和用地的有关规定。**随着老年人口的快速增长，养老服务设施建设用地紧张、总量不足、结构不合理、设施落后等问题较为突出，亟须从源头上加强规划指导和调控，根据人口、公共服务资源、养老服务需求状况等因素，统筹安排养老服务设施规划与建设，促进设施合理布局。

根据《上海市养老设施布局专项规划（2013—2020年）》规定，到2020年：

◎ 全市养老床位建设目标按照户籍老年人口的3.75%（养老机构床位3%+医疗机构中老年护理床位0.75%）确定，共需建成约15.9万张养老床位，规划空间在此基础上增加10%，全市养老床位建设目标按照17.8万张进行用地底线管控。

◎社区居家养老服务设施规划形成15分钟服务圈，实现城镇社区和农村社区全覆盖。全市社区居家养老设施（专指老年人日间照料中心和助餐服务点）建筑面积千人指标为40平方米/千人，城镇社区居家养老服务设施服务半径不宜大于1000米，农村社区每个行政村至少集中设置一处社区居家养老服务设施。

**第三十三条** 新建居住区应当按照规划要求和建设标准，配套建设相应的养老服务设施；配套建设的养老服务设施，应当与住宅同步规划、同步建设、同步验收、同步交付使用。已建成居住区的养老服务设施未达到规划要求或者建设标准的，应当予以补充和完善。

企业事业单位和社会组织可以通过整合或者改造企业厂房、商业设施和其他社会资源，建设符合标准的养老服务设施。

**本条是关于养老服务设施建设的规定。**“先规划后建设”是《中华人民共和国城乡规划法》确定的规划实施管理的一项重要原则，养老服务设施规划实施也不例外。为满足本市养老服务需求，需要想方设法盘活存量、扩大增量。

**第三十四条** 从事社区养老服务设施建设、运营的企业事业单位、社会组织或者个人应当遵守国家和本市有关养老服务设施建设标准、社区养老服务规范；符合规定条件的，享受相应的税费减免和建设补助、运营补贴等优惠政策。

社区养老服务设施使用水、电、燃气、电话，按照居民生活类价格标准收费；使用有线电视，按照本市有关规定享受付费优惠；需要缴纳的供电配套工程收费、燃气配套工程收费、有线电视配套工程收费，按照本市有关规定享受优惠。

**本条是关于社区养老服务设施建设运营要求以及优惠措施的规定。**社区居家养老让老年人在原有的居住环境和社会关系中安享晚年，老人的情感需求能够得到满足，也方便子女在闲暇时照顾老人。因此，需要加强对社区养老服务设施的扶持优惠政策，增加服务供给。

**第三十五条** 各级人民政府应当通过购买服务、委托运营等方式，发展社区养老服务，扶持专业服务机构以及其他组织和个人，为居家的老年人提供生活照料、紧急救援、医疗护理、精神慰藉、心理咨询等多种形式的服务。

乡、镇人民政府和街道办事处应当整合社区服务资源，通过社区综合为老服务平台，促进服务与需求信息的对接，方便老年人就近获取多样化的社区综合服务。

乡、镇人民政府应当扶持发展互助式养老等适合农村特点的养老模式。农村集体经济组织可以利用集体所有的房屋、设施等，为村民就近提供养老服务。

养老机构可以利用自身设施和服务资源，为社区老年人就近提供生活照料、生活护理、精神慰藉等服务，为老年人的家庭成员或者家政服务人员提供生活照料、生活护理等技能培训，向社区居民传授为老年人服务的专业知识。

**本条是关于社区养老服务供给、资源整合的规定。**随着家庭结构小型化现象日益加剧，在巩固家庭养老基础性地位的同时，政府要大力推动发展社会化的居家养老服务，提供上门服务、托老服务、护理服务、精神慰藉、家庭邻里支持。针对社区为老服务资源比较分散的现象，需要对社区中各类为老服务资源加强统筹与整合，建立社区综合为老服务平台，提高服务的可及性和便捷性。

鉴于农村养老在资源分布、文化传统等方面的特殊性，应当大力开辟农村养老服务设施，扶持发展互助式养老等有效的养老模式。为进一步弥补社区养老服务资源的缺乏，可发挥养老机构的资源溢出效应，开展延伸服务。

**第三十六条** 民政等部门应当加强对社区养老服务机构以及其他相关组织的管理和服务。

社区养老服务机构提供托养、助餐、医疗等服务的，应当遵守国家和本市消防、食品安全、医疗卫生、环保等法律法规的规定，相关行业主管部门应当依法履行监督管理职责。

物价、民政等部门应当对社区养老服务的收费项目和标准等予以规范，加强监督管理。民政部门应当定期将社区养老服务机构名单向社会公布，接受社会监督。

条文简介

**本条是关于社区养老服务机构监督管理的规定。**主要从政府行政管理角度，明确了相关部门加强行业监管的职责，推动社区养老服务相关市场、社会环境良性有序发展。

**第三十七条** 乡、镇人民政府、街道办事处和民政等部门应当依托养老机构、社区老年人托养机构以及其他社会专业机构，为失能老年人的家庭照顾者提供下列服务：

（一）临时或者短期的托养照顾；

（二）生活照料、生活护理等技能培训；

（三）辅助器具租赁；

（四）其他有助于提升其家庭照顾能力或者改善其生活质量的服务。

**本条是关于家庭养老支持措施的规定。**家庭小型化所带来的家庭照料负担过重问题，需要制定实施相应的支持性政策措施，切实减轻家庭成员照顾老年人的负担，从而更好地巩固家庭养老的基础性作用，提高老年人的生活质量。

“银龄宝典”是上海市民政局、上海市教育委员会等部门为支持家庭养老联手打造的全国首档老年居家康复护理节目，于2015年10月21日（重阳节）在上海教育电视台正式播出。

“银龄宝典”以老年人及需要康复照料的家庭成员为服务对象，传递现代康复护理的科学理念、普及基础知识、演示基本技能。节目一周一个主题、一天一个话题，周一至周五，每天一期八分钟，分别在早（10:00）、中（13:00）、晚（18：50）三个时段滚动播出。

**第三十八条** 市和区、县人民政府应当在政策体系、设施布局、人才培养、合作机制等方面推动医疗卫生和养老服务相结合，保障老年人的基本健康养老服务需求。

区、县人民政府应当以社区卫生服务机构为平台，整合各类医疗卫生和社会资源，与社区老年人托养机构、养老机构开展合作，为居家、社区与机构养老的老年人提供基本医疗护理服务。

**本条是关于老年人基本健康养老服务需求保障的规定。**医养结合是当前养老工作中呼声最强烈、需求最迫切、社会关注度最高的问题之一，是养老服务中群众最迫切、最刚性的需求，同时也是社会养老服务体系的重要内容，应当加快推动医养结合，在社会养老服务体系中让老年人得到连续、适宜、规范、便捷的基本医疗服务。

**第三十九条** 社区卫生服务机构应当按照国家和本市有关规定，开展老年人健康管理和常见病预防工作，为辖区内符合条件的老年人提供下列服务：

（一）建立健康档案、定期免费体检等基本公共卫生服务；

（二）健康指导、保健咨询、慢性病管理等家庭医生服务；

（三）为符合相关医疗指征的老年人提供上门诊视、设立家庭病床、居家护理等服务。

**本条是关于老年人社区卫生服务的规定。**为社区的老年人提供医疗服务，是社区卫生服务机构的重要职责。社区卫生服务机构是医养结合的支持平台，主要负责对区域内的老年人提供全面、连续、有针对性的医疗卫生服务。

**第四十条** 卫生计生等部门应当支持在养老机构内设置医疗机构，指导符合条件的养老机构设置老年护理床位。在养老机构内设置的医疗机构和老年护理床位，按照规定纳入医疗保险支付范围，并与医保联网结算。鼓励其他各类医疗机构为养老机构提供医疗支持。

有条件的二级以上综合医疗机构应当开设老年病科；社区卫生服务机构、二级综合医疗机构应当根据需求和规划设置老年护理床位，设置临终关怀病区或者床位。

鼓励社会力量举办提供医养结合服务的机构，满足老年人多层次、多样化的健康养老服务需求。

**本条是关于医疗卫生和养老服务结合发展的规定。**医养结合可通过多种方式实现：一是在符合条件的养老机构内设置医疗机构或设置老年护理床位；二是对于条件暂不具备的养老机构、社区托养机构，通过建立合作机制，加强社区卫生服务机构的医疗服务支持；三是通过开设老年病科、设置老年护理床位及临终关怀病区或床位等方式，提高综合性医疗机构为老年人提供医疗护理服务的能力，进一步发展专业的老年医疗护理。

**第四十一条** 市民政部门应当建立统一的养老服务信息平台，提供养老服务信息查询、政策咨询、网上办事等服务，接受投诉、举报。

本市鼓励发展智慧养老，支持社会力量运用互联网、物联网等技术，对接老年人服务需求和各类社会养老服务供给，为老年人提供各类信息产品和服务。

**本条是关于信息服务的规定。**现代信息技术日新月异，社区居家养老呼叫服务系统、预防老年人走失的GPS定位服务系统、老人生命体征监测和居家紧急援助系统、数字健康和医疗服务系统等信息化产品和服务为老年人提高生命质量提供了极大支持。政府应当建立养老服务信息平台，提供有效快捷的公共服务；同时，鼓励社会力量积极利用信息技术，为老年人提供各类信息产品和服务，提升养老服务能级。

**第四十二条** 乡、镇人民政府、街道办事处和民政部门应当采取相应的激励措施，支持社区低龄老年志愿者开展与高龄老年人的结对关爱活动。

鼓励为高龄、无子女老年人提供经常问候、居家安全检查等志愿服务。

鼓励社会工作机构、社会工作者根据老年人的需求，运用社会工作专业知识、方法和技能，为老年人提供专业化的社会服务。

**本条是关于志愿服务、互助服务、社会工作服务等其他社会服务的规定。**志愿服务、老年人互助服务、社会工作服务等，都是社会服务的重要组成部分，充分体现了社会服务供给主体的多元化、服务内容的多样化和差异化等特点。

**第四十三条** 市人力资源社会保障、发展改革、民政、卫生计生、教育、财政等部门应当制定养老服务人员队伍建设专项规划，区、县人民政府应当根据专项规划制定本地区养老服务人员队伍建设的工作计划和实施方案。

本市建立健全养老服务人员培养、使用、评价和激励机制，促进养老服务从业人员劳动报酬合理增长。

教育部门应当将养老服务专业人才培养纳入现代职业教育体系规划，将养老服务相关专业列入重点领域导向专业目录。

本市鼓励职业学校和培训机构开展养老服务职业技能培训。参加养老服务职业技能培训和鉴定的从业人员，按照本市有关规定，享受相应的补贴。

**本条是关于养老服务人才培养的规定。**满足老年人持续增长的养老服务需求，需要一支供给充足、技能精湛的养老服务人才队伍。目前，养老服务人才队伍存在着总体数量不足、结构不合理、缺乏统一的养老服务人力资源信息平台、专门性人力资源市场尚待建立等问题，较大程度影响了养老服务的供给水平和可持续发展，有必要加强人才队伍规划、完善工作机制、出台扶持政策，弥补养老服务的“短板”。

**第四十四条** 发展改革、民政、财政、经济信息化、商务、金融等部门应当制定支持老龄产业发展的相关政策，扶持和引导企业研发、生产、经营适合老年人需求的家居、康复辅助等产品，开发养老服务项目。

本市鼓励商业保险机构创新养老保险产品服务，为不同老年人群体提供多样化的养老保障。

**本条是关于发展老龄产业的规定。**人口老龄化既是挑战，同时也是机遇，积极应对老龄化能推动老龄产业的蓬勃发展。发展老龄产业属于市场行为，政府可以重点聚焦政策扶持引导、营造良好的营商环境等方面，激发市场主体的参与热情。在老龄产业中，商业保险不仅是现代服务业的发展重点，也是养老保障体系的重要补充，是可以大有所为的领域。

# 第五章 社会优待

老年人社会优待，是在家庭履行赡养和扶养义务，政府和社会做好社会保障、社会服务的基础上，在医、食、住、用、行、娱等方面，积极为老年人提供的各种形式的优先优惠以及便利服务。本章共7条，明确了社会优待的基本原则及相关领域的具体要求。

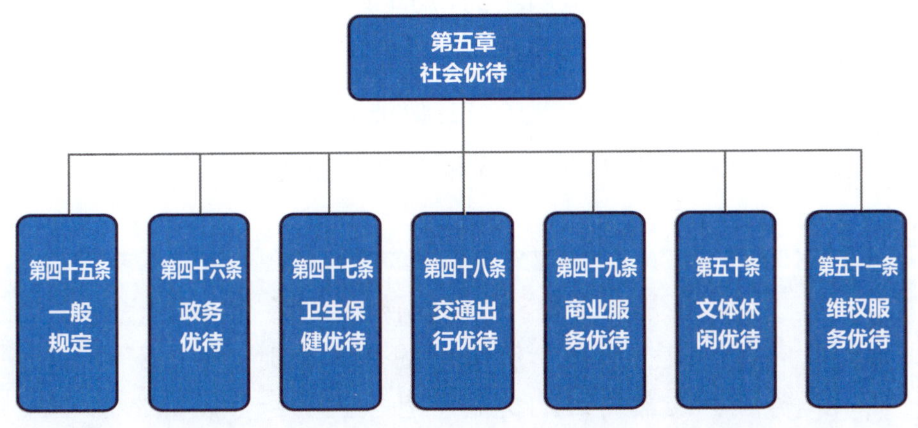


**第四十五条** 市和区、县人民政府应当根据本地区经济社会发展状况和老年人的特殊需求，不断完善优待政策，逐步提高优待水平。

条文简介

**本条是关于老年人社会优待的总括性规定。**享受社会优待是老年人的重要权利，体现了城市文明进步的程度。在相关政策制定实施过程中既要立足于老年人的实际需求，也要以一定的经济发展实际为基础，平衡实际需求、发展水平、财力保障等方面，做到积极稳妥、循序渐进、稳步提升。

**第四十六条** 各级人民政府和有关部门所属的服务窗口、社区事务受理服务机构应当为老年人办理相关事项提供咨询引导、操作指导、优先办理等服务。

房地产登记机构或者公安机关在办理老年人自有或者承租的住房转移、抵押、变更等房地产登记和更改户主、户口迁入等涉及老年人权益的重大事项时，应当核实老年人的真实意思表示；未经核实改变老年人的房屋产权、租赁关系或者更改户主、迁入户口的，老年人投诉后，经查证属实的，房地产登记机构、公安机关应当及时依法纠正。

公安机关为老年人办理居民身份证时，对行动不便的老年人，应当提供上门采集指纹、拍照、送证等便利服务。

**本条是关于政务服务优待的规定。**便利利民是政府提供政务服务所应遵循的基本原则，也是开展政务服务的最终目的。基于老年人的身心特点，老年人在办理政务服务事项过程中，往往需要在咨询、操作引导方面得到一些倾斜性的服务。为此，各级政府及相关部门应当专门针对老年人设计便利及人性化服务措施。

**第四十七条** 医疗机构应当通过完善挂号和诊疗系统、开设专用窗口或者快速通道、提供导医服务等方式，为老年人就医提供方便和优先服务。

鼓励医疗机构减免老年人普通门诊挂号费和经济困难老年人的诊疗费。

鼓励医疗机构和医务工作志愿者为老年人提供义诊服务。

**本条是关于卫生保健优待的规定。**医疗机构应当根据自身资源的供给能力，向到医疗机构就诊的老年人提供优待服务，具体的优待措施包括开设专门窗口或者快速通道、提供导医服务、针对特定老年人减免诊疗费用、医务工作者开展义诊活动等。

**第四十八条** 公共交通运营单位应当为老年人乘坐公共交通工具提供便利服务，在公共交通场所和站点设置老年人优先标志，在有条件的地方设立老年人等候专区，对无人陪同、行动不便的老年人给予照顾；根据实际需要配置方便老年人出行的无障碍公共交通工具。

**本条是关于交通出行优待的规定。**根据国家有关文件规定，交通出行优待主要包括：城市公共交通、公路、铁路、水路和航空客运针对老年人提供的便利服务；交通场所和站点设置老年人优先标志、等候专区，根据需要配备升降电梯、无障碍通道、洗手间等；为老年人设置“爱心专座”等。相关服务单位应当不断完善措施，为老年人出行提供便利和优先服务。

**第四十九条** 供水、供电、燃气、通信、邮政等单位应当为老年人提供优先和便利服务，并在服务网点或者场所设置明显的优待标志、标识。

金融机构应当为老年人办理业务提供便利，设置老年人优先窗口，并提供引导服务；对办理转账、汇款等业务或者购买金融产品的老年人，应当提示相应风险。

商业银行应当按照国家有关规定，减免养老金异地取现手续费。

**本条是关于商业服务优待的规定。**老年人由于其自身特点，在日常商业服务过程中往往较其他成年人面临更多的困难，为保护老年人的合法权益，需要相关单位提供更多的便利、优先或特别关照等服务。除了一般性商业服务的要求外，考虑到金融服务的特殊性，相关机构应当履行设置优先窗口、提供引导服务、提示风险等义务，为老年人办理业务提供便利。

**第五十条** 实行政府定价或者政府指导价管理的公园、旅游景点等游览参观点的门票价格应当对老年人实行优惠；鼓励实行市场调节价的游览参观点参照执行。

博物馆、美术馆、科技馆、纪念馆、图书馆、文化馆、群艺馆、影剧院、体育场馆等公共文化体育设施，应当向老年人免费或者优惠开放，并提供便利服务。

公共体育场馆应当设置适合老年人体育健身活动的设施，设立安全警示标志，并采取相应的安全防护措施；实行收费的体育健身项目，应当给予老年人价格优惠。

**条文简介**

**本条是关于文体休闲优待的规定。**参加公共文化体育活动是提升老年人生活质量，促进社会参与的重要方式。公共文化体育设施相关建设运营单位应当为老年人提供形式多样的优惠、便利服务，进一步体现全社会尊重、爱戴、关心和照顾老年人的良好氛围。

**第五十一条** 老年人因其合法权益受到侵害提起诉讼，交纳诉讼费确有困难的，可以依法缓交、减交或者免交。

人民法院应当在立案、庭审、执行等环节，为老年人提供便利和优先服务；对高龄、失能等行动不便的老年人，可以上门立案。

老年人需要获得律师帮助，但无力支付律师费用的，可以依法获得法律援助。司法行政部门应当完善老年人法律援助服务网络，简化申请程序，为老年人就近申请和获得法律援助提供便利。

鼓励律师事务所、公证机构、司法鉴定机构、基层法律服务所等法律服务机构为经济困难的老年人提供免费或者优惠服务。

**本条是关于维权服务优待的规定。**随着经济社会的发展，涉老法律纠纷日益增多，老年人在诉讼过程中遇到很多实际问题，无法有效主张自己的法律权利。因此，司法机关在办理涉老案件时，应当照顾老年人的身心特点，根据自身的现实情况和老年人实际需要，为老年人提供更多的优先、便利服务，减轻老年人的经济负担。同时，应进一步发挥法律援助制度的作用，为经济困难或在其他方面存在困难的老年人获取法律服务提供帮助。

# 第六章 宜居环境

老年宜居环境建设是随着进入老龄化社会而日益凸显出来的一项新的时代任务。从某种意义上说，老年人权益保障均涉及老年宜居环境建设的内容。为老年人提供安全、便利、舒适的宜居环境，是提升老年人生活质量的基础条件。社会保障、社会服务、社会优待等章主要是对老年人宜居环境中“软件”方面作了规定。本章共3条，侧重从“硬件”角度，对优化老年宜居环境作了规定。

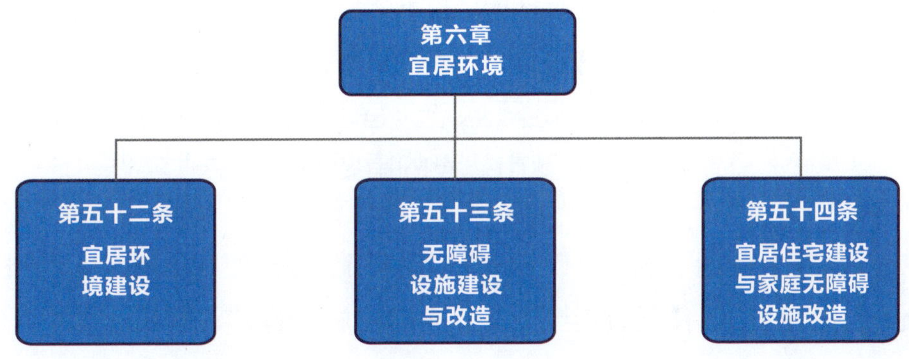


**第五十二条** 本市在城市规划、建设和管理中，应当适应老龄化社会的需求，为老年人提供安全、便利和舒适的环境；通过制定老年宜居社区标准，推进宜居社区建设。

**条文简介**

**本条是关于宜居社区建设的方向性规定。**随着城市社区老年人口的增加，安全、便利和舒适是老年人对环境宜居性的基本要求，也是城市对老年人友好程度的集中体现。推进老年友好城市、建设老年宜居社区是应对老龄化社会转型的迫切要求。为此，要在城市规划、建设和管理的各环节体现以人为本的理念和原则，更加重视老年人的特殊需要，切实保障和改善老年人的生活质量。

根据世界卫生组织《全球老年友好城市指南》，2015年，上海制定发布了《老年友好城市建设导则》地方标准，主要内容包括户外环境和设施、公共交通和出行、住房建设和安全、社会保障和援助、社会服务和健康、文化教育和体育、社会参与、社会尊重八个部分。《老年友好城市建设导则》不仅仅是一个标准，更是老龄化大都市对老年人友好的一种发展方向，是城市在物质环境层面、经济社会环境层面和社会服务环境层面的发展理念，并使这种理念始终贯穿在城市的发展过程之中。近年来，上海还开展老年宜居社区建设试点，这是推动老年友好城市建设的重要方面和具体实践。

**第五十三条** 新建、改建和扩建道路、公共建筑、公共交通设施、居住建筑、居住区，应当符合无障碍设施工程建设标准。

各级人民政府、住房城乡建设等部门应当按照国家无障碍设施工程建设标准，优先推进与老年人日常生活密切相关的公共服务设施的改造。

无障碍设施的所有人和管理人负责对无障碍设施进行维护，保证其正常使用。

**本条是关于无障碍设施建设和改造的规定。**无障碍环境建设对于老年人，特别是残疾、失能老年人具有重要意义。无障碍设施的所有人、管理人应当按照国家和本市有关规定，推动设施建设、改造与维护，为老年人出行提供更为通畅、更具人性的“绿色通道”。

**第五十四条** 老年公寓等专门为老年人设计的居住建筑，应当符合老年人居住建筑设计标准，满足老年人对居住场所的安全、卫生、便利、舒适等基本要求。

本市支持居民开展既有居住建筑适老性改造，方便老年人生活和出行。

本市推动老年人家庭无障碍设施改造。符合条件的经济困难老年人进行家庭无障碍设施改造的，由市和区、县人民政府给予适当补贴。

条文简介

**本条是关于宜居住宅建设、家庭无障碍设施改造的规定。**设计和建设老年宜居住宅的主要目的是使老年人的居住亲情化、环境友好化，提高老年人的生活品质。目前，国内关于老年宜居住宅的研究和实践起步较晚，一些研究者在借鉴国外经验的基础上，提出了老年建筑设计的整体性要求，即应当遵循安全性、便利性、舒适性、适应性等原则。同时，要推动既有居住建筑的适老性改造，对其中的贫困等特殊困难老年人家庭，可研究制定补贴政策。

# 第七章 参与社会发展

老年人参与社会发展是在生存性需要基础上延伸出的一种发展性需要。老年人享有经济、政治、社会、文化等领域的权利，需要借助参与社会活动予以实现。为此，参与社会发展既是老年人的一项基本权益，也是实现老年人其他权益的重要途径和保障。本章共5条，按照老年人参与社会发展的领域，作出相应规定。

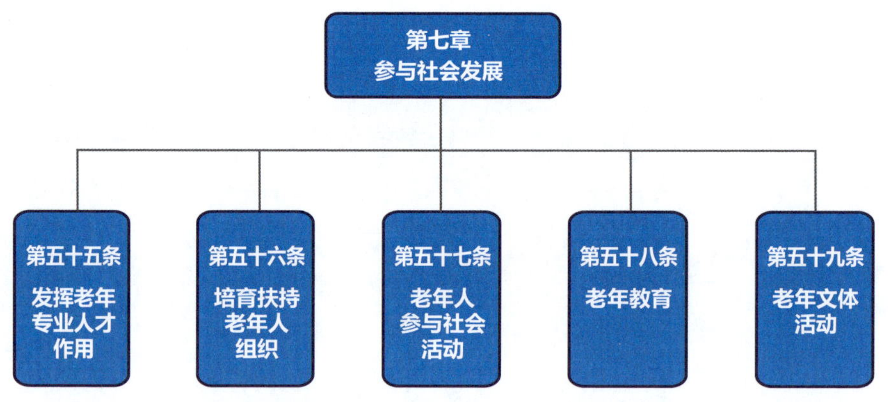


第五十五条　本市加强老年人才资源开发，为老年人发挥专业知识技能创造条件。

本条是关于发挥老年专业人才作用的规定。从丰富劳动力供给、加强人力资源开发的角度来看，具备专业知识的老年人参与社会发展是可行的，也是必要的，应当为这部分老年人发挥专业知识技能、服务社会创造条件。

1991年12月16日通过的《联合国老年人原则》（第46/91号决议）指出："老年人应有工作机会或其他创造收入的机会，应始终融合于社会，积极参与制定和执行直接影响其福祉的政策，并将其知识和技能传给子孙后辈；应能寻求和发展为社会服务的机会，并以志愿工作者身份担任与其兴趣和能力相称的职务；老年人应能组织自己的协会。"

2002年联合国第二次世界老龄问题大会通过的《政治宣言》明确："依靠老年人的技能、经验和智慧，不但能首先改善他们自己的生产和生活条件，而且还能积极促进全社会的发展。"

**第五十六条** 乡、镇人民政府和街道办事处应当培育和扶持基层老年协会等老年人组织，加强老年人组织规范化建设，推动老年人自我管理、自我教育、自我服务，促进老年人参与社会发展。

**本条是关于培育扶持老年人组织的规定。**基层老年协会是老年人自我管理、自我教育、自我服务的老年群众组织。多年来，基层老年协会在为老年人提供服务、开展老年文体活动、维护老年人权益、参与社区公益事务等方面发挥了积极作用。因此，有必要培育扶持基层老年协会等老年人组织，让老年人更加有序、有效、积极地参与社会发展。

**第五十七条** 本市为老年人在自愿和量力的情况下，依法参与各类社会活动创造条件、提供便利。

本市制定法规、规章和公共政策涉及老年人权益重大问题的，应当听取老年人和老年人组织的意见。

**本条是关于老年人参与政治、社会活动的规定。**除文体活动等传统意义上的社会参与外，老年人参与社会发展的一个重要领域是参与政治和社会活动。目前，在这方面渠道和载体较为缺乏，需要通过建立一定的工作机制予以支持和保障。当然，按照参与的适宜性原则，老年人应当在自愿和量力的前提下参与政治和社会活动。

**第五十八条** 各级人民政府应当加大对老年教育的投入，发展老年教育。

教育部门应当将老年教育列入教育发展规划和终身教育体系，加强老年教育设施、师资力量、课程开发等方面建设，均衡配置各类老年学校和学习点，促进老年教育资源向城乡老年人公平开放；鼓励社会力量举办老年教育机构。

教育部门以及有关机构、学校应当利用现代信息技术，发展老年远程教育，建设网络学习平台，开发网络学习资源，设置适合老年人学习的课程，为老年人接受终身教育创造条件。

**本条是关于老年教育的规定。**受教育权是宪法赋予公民的一项基本权利。国家和本市一直重视发展老年教育事业，不断加强老年教育机构及相关支持服务体系建设，推动养教结合不断深化。目前，已基本形成了就近、便捷、快乐的多层次老年教育服务体系，老年教育将进一步蓬勃发展。

上海"十二五"期间编写了100本老年教育教材，分为三个大类：做身心健康的老年人、做幸福和谐的老年人、做时尚能干的老年人。每个大类包含若干教材系列，如"老年人万一系列""中医与养生系列""孙辈亲子系列""老年人心灵手巧系列""老年人玩转信息技术系列"等。

在表现形式上，该套教材充分利用现代信息技术和多媒体教学手段，倡导多元化教与学的方式，创新"纸质书、电子书、有声读物和学习课件"四位一体的老年教育资源。上海老年教育官方微信公众号"指尖上的老年学习"也已正式运营，并在2015年年底推出"老年微学课堂"，老年朋友可以在微信上"看书""听书""学课件"；在已经开通的"上海老年教育"APP上，老年人可以免费下载所有教材的电子版，免费浏览所有多媒体课件；老年朋友还可以登录上海老年教育微学网站www.shlnjy.cn学习所有相关内容。

**第五十九条** 区、县以及乡、镇人民政府和街道办事处应当根据本行政区域内老年人口的分布状况，按照方便老年人的原则，合理设置老年活动室等文体娱乐场所。

绿化市容等部门应当加强公园绿地的建设和管理，为老年人提供户外交流、健身、娱乐等活动场所。

各级人民政府和文广影视、体育等部门以及居民委员会、村民委员会、老年人组织应当组织开展适合老年人的群众性文化、体育、旅游、娱乐活动，丰富老年人的精神文化生活。

社区文化活动中心、公共体育场馆等公共文化体育设施应当根据老年人的特殊需求，提供有针对性的公共文化体育服务。

**本条是关于老年人参与文体活动的规定。**老年人群体是公共文化体育服务的重点对象，积极参与文体活动也是老年人社会参与的主要实现路径之一，主要是结合自身兴趣特长，通过参与相应的活动团队，开展多种形式的文化体育活动。为鼓励老年人积极参加各类文体娱乐活动，愉悦身心、增进健康、发展老年文化体育事业，政府及有关部门、居（村）委会等应当在活动场所、服务项目和组织活动等方面，根据实际需要，采取措施保障和支持老年人开展各类文化体育活动。

# 第八章 法律责任

"徒法不足以自行。"法律规定的义务、职责等需要借助于具体的法律责任才能保障其实现。本章共4条，对违反本条例规定职责、义务的行为，明确了相应的法律责任。

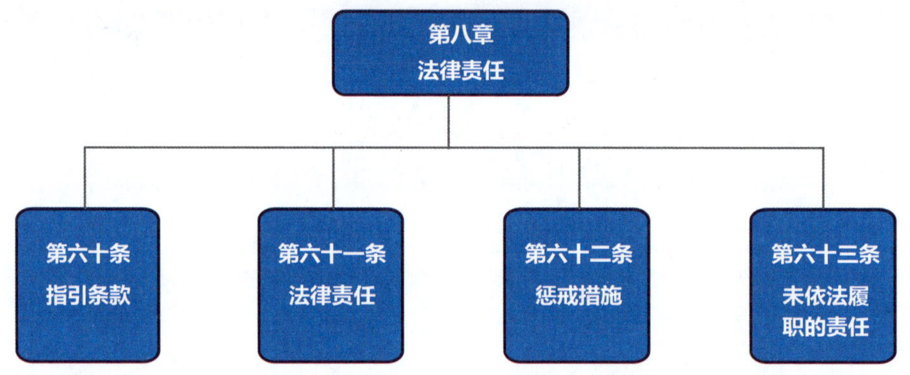


**第六十条** 违反本条例规定的行为，《中华人民共和国老年人权益保障法》以及其他有关法律、行政法规已有处理规定的，从其规定。

**本条是关于法律责任的援引性规定。**对于违反本条例规定义务的行为而产生的法律责任，由于《老年法》《婚姻法》《继承法》《物权法》等法律法规对责任主体、责任形式、追责程序等已有明确规定，当需要追究相应法律责任时，申请救济的老年人或其代理人可以依据有关法律法规的规定实施。

**第六十一条** 拒绝履行赡养、扶养老年人义务的，侮辱、虐待、遗弃老年人的，干涉老年人婚姻自由的，由行为人所在单位、基层群众性自治组织或者老年人组织给予批评教育；构成违反治安管理行为的，依法给予治安管理处罚；构成犯罪的，依法追究刑事责任。

**本条是关于违反家庭赡养、扶养义务相应法律责任的规定。**养老服务的社会化不能取代家庭在老年人权益保障中的基础性地位与作用。本条例在总则和相应的条款中对家庭赡养、扶养义务的履行均作出了规定，为保障法定义务的履行，需要在法律责任中作出重点规范，进一步强化对家庭赡养、扶养义务履行的社会监督。

**第六十二条** 违反本条例第三十四条第一款规定，建设、运营社区养老服务设施的企业事业单位、社会组织或者个人未按照国家和本市有关养老服务设施建设标准、社区养老服务规范的要求，建设社区养老服务设施或者提供社区养老服务的，由民政部门责令改正；享受政府税费减免或者建设补助、运营补贴等优惠政策的，有关部门可以中止优惠政策；情节严重的，收回已经减免的税费和发放的补助、补贴。

**本条是关于惩戒措施的规定。**对社区养老服务设施的扶持措施以相关企业事业单位、社会组织或者自然人依法规范建设运营为前提，如出现违反有关建设标准、服务规范的行为，相关部门有实施相应惩戒措施的权力，从而确保规范服务和管理，增大财政资金的使用效益，确保扶持政策实施的公平性。

**第六十三条** 有关部门或者组织未依法履行老年人权益保障职责的，由其上级主管部门给予批评教育，责令改正。

国家工作人员未依法履行职责，损害老年人合法权益的，由其所在单位或者上级主管部门对直接负责的主管人员和其他直接责任人员依法给予处分；构成犯罪的，依法追究刑事责任。

**条文简介**

**本条是关于未依法履行职责相应法律责任的规定。**除上位法以及本章其他条款规定的责任主体外，责任主体还应包括：承担老年人权益保障职责的有关部门、相关组织以及国家工作人员。国家工作人员如出现滥用职权、玩忽职守、徇私舞弊等违反法定职责行为的，应依法予以处分或追责。

# 第九章 附 则

**第六十四条** 本条例自 2016 年 5 月 1 日起施行。1998 年 8 月 18 日上海市第十一届人民代表大会常务委员会第四次会议通过、2010 年 9 月 17 日上海市第十三届人民代表大会常务委员会第二十一次会议修正的《上海市老年人权益保障条例》同时废止。

**本条是关于条例施行日期以及废止有关法规的规定。**本条例的施行日期为2016年5月1日。考虑到2010年9月17日上海市第十三届人民代表大会常务委员会第二十一次会议修正的《上海市老年人权益保障条例》立法主体是市人大常委会，本次立法的主体调整为市人民代表大会，条例的内容以原条例修订草案为基础，已全面覆盖原条例。因此，本条例实施后，2010年9月17日上海市第十三届人民代表大会常务委员会第二十一次会议修正的《上海市老年人权益保障条例》同时废止。

# 后 记

《上海市老年人权益保障条例》是一部关乎老年人切身利益的权利法，也是一部涉及政府、社会和家庭等方方面面的责任法，还是一部涵盖“五个老有”各个方面的政策法，对于推动上海老龄事业发展，维护老年人各项权益，实现老有所养、老有所医、老有所为、老有所学、老有所乐，必将产生重要的促进作用。

受上海市老龄工作委员会办公室和上海市老年教育教材研发中心的指派委托，我们作为《条例》立法的参与者和起草人之一，有幸承担了编写《普法读本》第一册“导读篇”的任务。该册主要包括条例的出台背景、基本框架、条文简介三个部分，力求简明、通俗地介绍条例的有关规定，供广大老年朋友了解基本内容，为老年教育机构提供教学参考。

《导读篇》在编写过程中，吸收了前期立法调研成果，得到了上海市老龄工作委员会办公室的领导以及普法读本编委会的其他成员的精心指导和把关，在此表示衷心的感谢！上海市民政局老龄工作处徐秋慧同志为本书编辑付出了艰辛劳动，一并致谢。同时，由于时间紧张、水平有限，书中难免有不当和疏漏之处，恳请读者批评指正。

编 者

**图书在版编目（CIP）数据**

《上海市老年人权益保障条例》普法读本. 导读篇 /上海市老年教育普及教材编写委员会编. — 上海:上海教育出版社, 2019.7
ISBN 978-7-5444-9248-5

Ⅰ. ①上… Ⅱ. ①上… Ⅲ. ①老年人权益保障法 - 基本知识 - 上海 Ⅳ. ①D927.510.274

中国版本图书馆CIP数据核字(2019)第140984号

责任编辑　汪海清
封面设计　周　吉

**《上海市老年人权益保障条例》普法读本 · 导读篇**
**上海市老年教育普及教材编写委员会　编**

出版发行　上海教育出版社有限公司
官　　网　www.seph.com.cn
地　　址　上海市永福路123号
邮　　编　200031
印　　刷　上海展强印刷有限公司
开　　本　700×1000　1/16　印张 4.5
字　　数　55 千字
版　　次　2019年7月第1版
印　　次　2019年7月第1次印刷
书　　号　ISBN 978-7-5444-9248-5/D·0119
定　　价　26.00 元

如发现质量问题，读者可向本社调换　电话：021-64377165